MW01610510

Colección: Libros Ilustrados
Director de la colección: Ricardo Regidor

© Miguel Ávila, 2003
© Ediciones Palabra, S.A., 2003
    Paseo de la Castellana, 210 - 28046 MADRID (España)
© Ilustraciones: María Pascual de la Torre

Diseño de la cubierta: María Pascual de la Torre
I.S.B.N. 84-8239-773-7
Depósito Legal: M. 39.587-2003
Impresión: Gráficas Almudena
Impreso en España - Printed in Spain

Todos los derechos reservados.
No está permitida la reproducción total o parcial de este libro, ni su tratamiento informático,
ni la transmisión de ninguna forma o por cualquier medio, ya sea electrónico, mecánico, por fotocopia,
por registro u otros métodos, sin el permiso previo y por escrito del editor.

Historia de la Madre Teresa de Calcuta

MIGUEL ÁVILA

Ilustraciones de María Pascual

PALABRA

A Inma, porque, a veces,
hay ángeles disfrazados de personas.

Índice

"El fruto del silencio es la oración, el fruto de la oración es la fe, el fruto de la fe es el amor. Y el fruto del amor es el servicio a los demás".

Madre Teresa de Calcuta

Capítulo 1

Creo que, antes de nada, deberíamos comenzar por las presentaciones.

No, tú no hace falta que te presentes: ya sé cómo te llamas. Lo sé porque ese es uno de los privilegios de mi profesión.

No pienses que soy un duende, ni ningún mago poderoso. Ni siquiera soy un adivino que contemplo a la gente con mi bola de cristal. Soy un Ángel Custodio. Mejor dicho, un Aprendiz de Custodio.

Mis compañeros dicen que soy un poco bruto y que, quizá por eso, después de muchos siglos, sigo siendo un Aprendiz. La ventaja que tiene es que, durante todos esos años, he conocido gente muy diversa.

He conocido gente muy buena. He conocido a personas que, aun siendo muy santos, han reído como los demás. Personas que han llorado como los demás. Y que han sufrido como los demás e incluso, en ocasiones, mucho más que los demás. Pero eran personas que han sabido ser felices ante tanto sufrimiento.

De esas personas, y de sus Ángeles Custodios, he aprendido mucho. Tanto que otro, en mi lugar, ya habría obtenido el título de Custodio.

10

Por cierto, me llamo Ángel. Qué original, ¿verdad? Pues sí, incluso para eso soy demasiado simple. ¿Que cómo soy? Si quieres que sea sincero, no lo sé. En realidad, soy como tú quieras que sea, puesto que no tengo

cuerpo. Puedo ser alto o bajo. Puedo ser extremadamente delgado o redondo como un botijo. Guapo como uno de esos actores que están ahora tan de moda o feo como un remiendo en un traje caro. ¿Qué más da? Tampoco creo que eso importe tanto.

Soy bastante impulsivo, a juzgar por las broncas que, a menudo, me llevo. Sin embargo, tampoco soy un cúmulo de defectos. Me gusta mucho escuchar. Algo que, por desgracia, no ocurre con demasiada frecuencia. A la gente le da por ir por la vida corriendo de un lado para otro, alocadamente. Parecen no tener tiempo para pensar y, mucho menos, para escuchar los problemas de la gente. Les gusta más oír lo que dicen aquellos que salen en la televisión, aunque carezca de sentido alguno.

Bueno, creo que ya está bien de hablar de mí. Al fin y al cabo, no creo que estés leyendo este libro para escuchar esto.

Voy a hablarte de Inés, más conocida como la Madre Teresa de Calcuta. Quizá hayas oído hablar de ella. Es, sin duda, una de las personas más buenas con las que he vivido.

13

Capítulo 2

Recuerdo muy bien el día que conocí a la Madre Teresa. Fue su Ángel Custodio quien me llevó hasta donde ella estaba, acunando a un recién nacido en sus brazos.

Entrar en aquella estancia, amplia, pobre de muebles y de luz, sobrecogía. Era el Hogar Infantil y, en él, decenas de monjas cuidaban a niños de todas las edades. De todas las alturas y tamaños. Niños acogidos o, simplemente, visitantes ocasionales en busca de un trozo de pan. Pero todos, sin excepción, pobres. De una pobreza que duele, que castiga a diario y mata.

A un lado de la habitación, sobre un sencillo banco de
madera ya vieja, una Hermana daba de comer a un niño
de no más de siete años a quien le faltaban las fuerzas
y le sobraba el hambre.

A sus pies, un par de niñas jugaban con toscas muñecas
de barro cocido al sol y recubiertas con ropas gastadas
por los abrazos.

Más allá, dos chavales que parecían ser hermanos, echaban una partida de no se sabe qué con diminutas piedras. Al rato, las piedras dejaban de ser las fichas del juego para convertirse en el motivo de la pelea en que se habían enzarzado ambos jugadores. El más pequeño trataba, inútilmente, de devolver alguno de los golpes con los que su contrincante le obsequiaba. Hasta que una de las Hermanas, con una agilidad y rapidez de movimientos sorprendente, le asestaba una colleja que daba por zanjada
la cuestión.

16

Sin embargo, el castigado no se conformaba con sufrir la humillación de soportar la sonrisa irónica y victoriosa de su hermano, por lo que aprovechó un despiste de la Hermana para tirarle al pequeño de la oreja. Después, con el orgullo ya devuelto, se acercaba hasta el colchón donde, con esfuerzo, respiraba un chaval de doce años al que la lepra había tomado por compañero de viaje.

Pero el dolor, con alegría, es un dolor más fácil de llevar. Y allí, en el Hogar Infantil de Calcuta, la alegría llenaba cualquier rincón, trepaba por las paredes y se derramaba por los ventanales que daban a la calle.

17

Las Hermanas, que era como se llamaba a las Misioneras de la Caridad, sonreían continuamente. Sonreían ante todo. Sonreían aunque estuviesen enfermas.  Aunque el cuerpo les rabiara de dolor de tanto trabajar. Sonreían porque, como decía la Madre Teresa, una Hermana alegre es como un sol que brilla. Y, en aquel lugar hacía falta tanta luz...

Y, como no hay nada más contagioso que la alegría, el llanto de los bebés y el gemido de los más enfermos quedaban ahogados por el aliento suave de la risa.

He de decir que, durante el tiempo que estuve con la 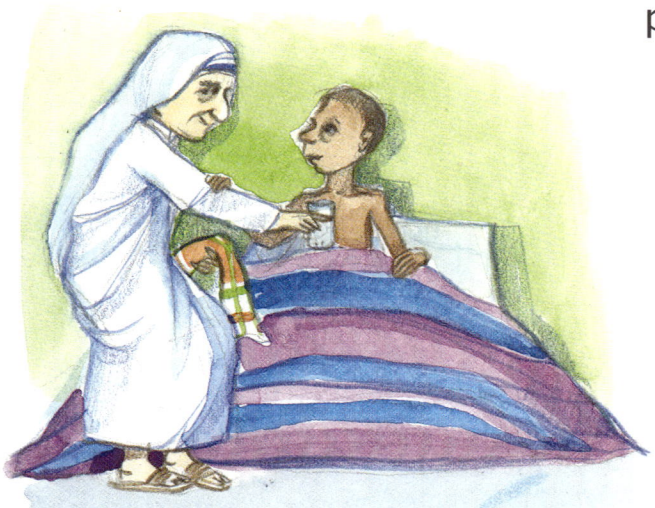 Madre Teresa, la he visto sufrir por mucha gente. La he visto llorar en el silencio de su cuarto. Pero nunca la vi perder la alegría de saber que estaba cumpliendo con su deber: el deber de ayudar a los más pobres de entre los pobres.

Como te decía antes, el día que la conocí, si yo hubiese tenido un cuerpo como tú, seguramente se me habría puesto la carne de gallina, porque la escena no era para menos.

La Madre Teresa sostenía a un bebé a escasos centímetros de su cara. El recién nacido estaba extremadamente delgado. La piel, seca, se pegaba a sus huesos, dándola

18

un aspecto envejecido. Su cuerpo era menudo, frágil, y se agitaba con el llanto que da el hambre. Tenía el pelo negro, largo y suave.

La Madre Teresa le acariciaba despacio, con ternura, mirándole a los ojos con esos ojillos suyos, hundidos entre arrugas y unas enormes ojeras. Y, mientras lo hacía, susurraba una canción de cuna a su oído.

Y, al oírla, el niño se iba callando, la miraba con curiosidad y sonreía.

19

Conmovido, me acerqué a besarle. Pero la criatura que, como todos los recién nacidos, tenía el don de sentir la presencia de los ángeles, se asustó y comenzó a llorar de manera escandalosa.

He de reconocer que aquel rechazo consiguió enfurruñarme. Y, para colmo, el Ángel Custodio del niño me echó la bronca por haberle asustado. ¡Encima!

Capítulo 3

El verano había llegado. Y, con él, la época del monzón, de las lluvias torrenciales que empapan la tierra agrietada por el sol.

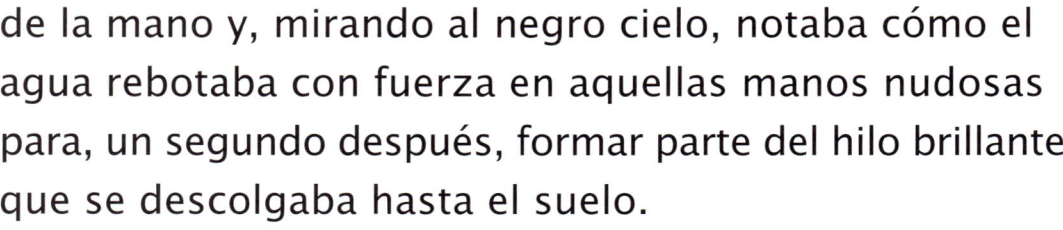

A veces, la Madre Teresa se acercaba a la puerta y veía llover sobre el suelo reseco de Calcuta. Extendía la palma de la mano y, mirando al negro cielo, notaba cómo el agua rebotaba con fuerza en aquellas manos nudosas para, un segundo después, formar parte del hilo brillante que se descolgaba hasta el suelo.

Aquel día, la Madre Teresa reparó en la figura de alguien que se acercaba a ella, irreconocible por la tromba de agua que caía. Aquel personaje, al que apenas le separaba del suelo un metro y medio, respondía al nombre de Navin. Su piel oscura resaltaba aún más que su negro pelo. Los ojos, de un castaño suave, miraban nerviosamente de uno a otro lado, como si quisieran retener el mayor número de imágenes posible, no fueran a cambiar de pronto.

Esos ojos se quedaron mirando fijamente a la Madre Teresa, mientras decía:

–Tengo hambre.

Aquellas dos palabras, por lo visto, eran frecuentes en aquel rincón del mundo. Calcuta poseía una de las mayores industrias de la India, así como una universidad de prestigio. La industria del cine, por ejemplo, tenía en Calcuta el segundo núcleo más importante del país. Y su aeropuerto era el tercero en tráfico aéreo. Por eso se decía que Calcuta era una ciudad en la que convivían una gran industria con niveles de miseria alarmantes. Que era una ciudad en la que la cultura de unos pocos chocaba con la ignorancia de otros muchos, y que era una ciudad en la que enormes y lujosos edificios contrastaban con suburbios y casuchas hechas de madera y hambre.

Ahora, la voz callada de Navin dejaba hablar a su mirada. "Tengo hambre", seguían diciendo sus ojos. Y la Madre Teresa, a pesar de haber visto tanto en tantos años, no pudo dejar de entristecerse una vez más.

Se lo llevó a la cocina y le dio un vaso de leche, un pedazo de pan y algo de comida para saciar su hambre. Despacio, a pequeños sorbos, se fue bebiendo la leche como si aquel mismo día se fueran a secar las ubres de todas las vacas.

Al terminar, alargó el brazo hacia la Madre Teresa, pidiendo con la mirada otro vaso.

–No –dijo ella–. Esa es la comida de otro niño. No puedo darte más leche hoy.

Entonces Navin inclinó levemente la cabeza para dar las gracias y salió del Hogar Infantil.

23

Dos días después se repitió la escena. Fuera llovía con fuerza. Había llovido tanto en la última semana que en el Hogar se habían formado enormes goteras. Las Hermanas se volvían locas buscando barreños con los que recoger el agua que amenazaba con convertir la casa en una piscina cubierta.

–Hola, Navin –dijo la Madre Teresa–. Ayer no te vimos por aquí.

–Lo sé –respondió–. Ayer conseguí comida.

Un corto paseo hasta la cocina siguió a esta breve conversación. De nuevo, un pedazo de pan, un vaso de leche y algo de comida. Y, de nuevo, lentos sorbos para beberlo.

Me acerqué al Custodio de la Madre y le dije:

–¿Te has fijado que Navin siempre se bebe la leche y se guarda el pan y la comida?

–Sí –fue su escueta respuesta.

–¿Y por qué será? –insistí.

Sin embargo, él no parecía estar muy dispuesto a seguir la conversación por donde yo la quería llevar.

–Creo que eres demasiado curioso, ¿no?

–¡¿Yooo?! –exclamé, tratando de ruborizarme con el tono de voz ya que no podía hacerlo con un rostro del que carecía.

Y me di media vuelta, indignado. Lo cierto es que había dado en el clavo y, ya se sabe, las verdades ofenden...

Llevado por esta malsana curiosidad, decidí seguir a Navin para saber qué hacía con el pan que, casi a diario, le daba la Madre Teresa. Y así lo hice, aunque a una distancia prudente, por supuesto. No porque temiera ser visto, ya que eso no era posible, sino porque su Custodio podía descubrirme y preguntarme qué hacía allí solo, que si me había perdido. Y, claro, cualquiera le cuenta la verdad. Seguramente me diría, y con razón, que yo era lo más tonto que había conocido en su larga vida.

25

Así que, con todo tipo de precauciones, seguí a aquel enigmático muchacho y a su pedazo de pan con un poco de comida.

Atravesamos suburbios llenos de casas pobres de muebles y pobres de luz. Recorrimos calles encharcadas y caminos embarrados. En ellos se mezclaban personajes anónimos que corrían hacia no se sabe dónde con otros que miraban pasar la vida apoyados en alguna pared. Andamos un buen rato hasta que, por fin, entre los escombros de un edificio derruido, Navin se detuvo.

Tendida bajo un par de mantas se hallaba una mujer enferma de lepra que, por lo que pude oír, se trataba de su madre. Y a su boca fue a parar el famoso mendrugo de pan y la comida.

–¿Tú ya has comido, hijo?

–Claro que sí, mamá. Esta mañana.

Y Navin la sonrió, con una sonrisa hambrienta. Pero una sonrisa satisfecha.

Y yo, que aparte de tonto soy un poco sentimental, sentí algo parecido a las ganas de llorar.

Capítulo 4

Navin siguió viniendo casi todos los días a por su vaso de leche, su pedazo de pan y su comida. Sin embargo, sus cortas visitas fueron dando paso a otras cada vez más prolongadas.

A veces se quedaba un rato jugando con los pequeños. Les hacía cosquillas y muecas que conseguían provocar mil risas. Se ponía a cuatro patas y, con ellos encima, daba largos

paseos por la
habitación.

Otras veces les fabricaba juguetes con madera que
encontraba por la calle. Un día, incluso, construyó varios
títeres y representó una divertida obra de teatro.

Aquella tarde, el enorme cuarto del Hogar Infantil se convirtió en un hermoso reino alfombrado de flores brillantes por el sol y de hierba brillante por el rocío. A través de los cristales se veía un jardín con arbustos formando figuras geométricas. Mil árboles florecían y daban sombra a mil especies de animales exóticos.

La imaginación volaba en coloridas alfombras. Un grano de arena quedaba suspendido en el aire y, con él, el tiempo parecía detenerse. Las nubes adquirían nuevas formas, adornando con tapices de plata el atardecer.

No hacía falta cerrar los ojos, porque los sueños habían desterrado la realidad. No hacía falta pensar en nada, porque un viento de colores enfriaba el aire y se escondía entre sus cabezas.

Y ese viento traía olores. El olor de una princesa con ricos vestidos de seda. El olor a azufre de un dragón de diez cabezas. Y el olor de un príncipe valiente que, de un golpe con su espada, parte el alma del dragón.

Ese viento, al marcharse, deja un silencio profundo. Porque nadie quiere tocar de nuevo el suelo. Porque todos esperan que la noche llegue pronto para dormir y seguir soñando.

Soñando con dragones de diez cabezas. Y soñarán que ellos, con el filo de su espada, cortarán el cuello que las une al temible cuerpo y se irán a vivir con la princesa a su reino alfombrado de flores.

Fue una lástima que la función tuviera que interrumpirse porque una de las cabezas del dragón rodara por el suelo. No porque estuviese mal sujeta al muñeco, no. Lo que pasó es que, como los niños, yo también empecé a soñar con hermosos jardines y desvalidas princesas. Y con el desarrollo de la historia fueron creciendo mi exceso de imaginación y mi falta de sensatez. De este modo, cuando el monstruo estaba a punto de engullir a la protagonista, instantes antes de hacer nuestro héroe su triunfal y oportuna aparición, la angustia se apoderó de mí y le solté tal derechazo al muñeco que la cabeza voló un par de metros antes de estrellarse contra la pared.

Si el silencio hasta ese momento había sido sepulcral, el que siguió al murmullo de asombro de los espectadores fue increíble. Nadie se explicaba cómo era posible que una cabeza de madera pudiera despegar de semejante forma y salir despedida como si de un misil tierra-aire se tratara. Nadie, salvo los Custodios de los allí presentes que, aun conscientes de la estupidez que estaba a punto de cometer, no llegaron a tiempo de impedírmelo.

Entonces decidí que sería mejor salir a contar piedras a la calle, no fuera a emocionarme demasiado y tirar abajo el escenario... o que los Custodios me corrieran a gorrazos por las calles de Calcuta.

33

Así es como Navin fue formando parte cada vez más activa de la obra de la Madre Teresa en aquel barrio.

La ayuda que proporcionaba a las Hermanas era inestimable. Con su carácter alegre sabía ganarse a los niños fácilmente. A veces, conseguía que alguno comiera con él cuando las Hermanas lo habían intentado por todos los medios.

Llegaba a media mañana y, sin necesidad de decirle "haz esto o aquello", trabajaba sin cesar hasta la caída de la tarde, hora en la que volvía junto a su madre con un mendrugo de pan en una mano, algo de comida en la otra y una sonrisa de oreja a oreja.

34

Pero un día, la Hermana Ángela le notó triste, apagado. Mordiéndose el labio inferior, parecía reprimir las lágrimas. La sonrisa se había escondido tras unos ojos que amenazaban tormenta.

–¿Qué te pasa, Navin? –le preguntó.

–Nada, Hermana. No es nada.

–¿De verdad? –dijo la Hermana Ángela, alargando ligeramente el final de la frase, con un tono de evidente incredulidad.

–De verdad. Lo que pasa es que me duele un poco la tripa.

–¡Ah, bueno! ¿Y no quieres que te vea el médico?

−No, gracias, Hermana. Ya se me pasará.

La hermana ya sabía lo que había pasado, pues llevaban visitando a la madre de Navin a menudo. Así que avisó a la Madre Teresa en cuanto llegó.

Entonces se lo llevó aparte, a una pequeña sala de visitas, para preguntarle qué le pasaba. Y Navin, agarrado al sari de la madre Teresa, rompió a llorar. Y las lágrimas que mojaron el vestido respondieron que la madre de Navin había muerto la noche anterior.

35

Capítulo 5

Las fuertes lluvias se fueron apagando a medida que se acababa el verano en Calcuta. Sentada en su cuarto, con la suave luz de la tarde bañando sus rugosas manos, la Madre Teresa cosía un roto en su sari. Con esfuerzo, inclinándose para ver algo mejor, trataba de no dar una puntada en falso. De cuando en cuando, se echaba hacia atrás para relajar espalda y cuello. Apenas tenía ya vista para tareas como aquella, pero no quedaba más remedio que hacerlo así.

El voto de pobreza que hacían las Hermanas de la Caridad limitaba sus pertenencias a tres saris y tres hábitos de tela de muy baja calidad, aunque la mayoría de las Hermanas usan dos. Debido a esto y, sobre todo, al ajetreo diario, los remiendos abundaban en sus ropas. Se podía decir que había en ellas más tela añadida que original.

Un pequeño crucifijo y unas sandalias completaban su ajuar.

Esta pobreza era también evidente en sus edificios, humildes en su construcción y en el número de muebles  que contenían. Si tenían que viajar, lo hacían en el medio de locomoción más barato. Aunque, la mayoría de las veces, recorrían a pie varios kilómetros para ahorrarse el precio de los billetes.

38

La comida de las Hermanas era de lo más sencilla, pero en cantidad suficiente para evitar enfermedades y desfallecimientos. Dormían en cuartos comunes, tan faltos de intimidad como de objetos personales. En esto tampoco querían distinguirse de los pobres, que lo hacían en chabolas o barracones. Sin embargo, nunca vi los cuartos desordenados o sucios. En ellos se hacía evidente que la pobreza no estaba reñida con el aseo, tanto personal como material.

Al hilo de esto, recuerdo que un día se presentó ante la Madre Teresa una señora de cuidado aspecto y elegantes maneras. Por lo que pude averiguar tras los insistentes ruegos a los que mi curiosidad obligaba, se trataba de la mujer de un alto funcionario de la ciudad, que deseaba hacer un generoso donativo para el Hogar Infantil.

A menudo he observado que, quienes gozan de importantes ingresos económicos y se pueden permitir el lujo de invertir una no menos importante cantidad en vestirse, parecen sentirse obligados a compartir con los demás el precio de cuanto llevan puesto.

Y lo hacen –dependiendo, claro está, de la elegancia de cada uno– con sutileza, dejándolo caer, como si no quisieran darle importancia.

Los hay que derivan la conversación hacia un terreno propicio para que les sea formulada la inevitable pregunta. "¡Qué bonito vestido! Te habrá costado un dineral, ¿no?"; "Sí, bueno, lo cierto es que me ha costado dos mil rupias".

Y los hay que, con algo menos de ingenio, realizan ostentosos gestos para facilitar que su interlocutor se fije en la prenda recién adquirida.

–¿Qué te parece mi nuevo vestido?

–¡Ah! ¿Es nuevo? –pregunta la amiga, con el fingido desinterés que provoca la envidia.

–Sí, hija, sí. Y me ha costado una fortuna, chica. ¡Dos mil rupias, nada menos!

Y, de esta forma, parece llegarse a la conclusión generalizada de que el valor y la belleza de las cosas lo define la mayor o menor cantidad de monedas que por ellas se paga.

Esta mujer no fue una excepción, y le comentó a la Madre que todos los meses adquiría un nuevo sari que costaba mil quinientas rupias, cantidad nada despreciable.

–Cómprese uno que le cueste mil y dé las quinientas restantes a los pobres –le aconsejó la Madre Teresa.

Y la mujer, a quien la riqueza no había privado de generosidad, así lo hizo. Un mes después, la Madre le aconsejó comprarse uno de quinientas rupias y dar las otras quinientas restantes a los pobres. De nuevo, la bondad derrotó al afán de poseer lo mejor y más caro.

Lo mismo sucedió cuando, treinta días más tarde, recibió la sugerencia de comprarse uno de trescientas y,

40

finalmente, uno de doscientas rupias. Tras la última propuesta, la Madre Teresa dijo a la mujer:

–Ya está bien. Por doscientas rupias todavía se puede comprar un sari digno de su posición. Está usted casada con un alto funcionario y no puede hacer de menos a su marido.

De este modo, consiguió que la señora comprendiese lo que tantas veces había dicho la Madre Teresa: "Espero que lo que me deis para obras de caridad no sea lo que os sobra, sino el fruto de un sacrificio hecho por amor a Dios".

41

Capítulo 6

-¿**S**abes? –le dije al Custodio de la Madre Teresa–. Aquí, en el poco tiempo que llevo, he visto más gente buena que en toda mi vida.

-¿Por qué dices eso? –respondió él, dejando de mirar por un momento a la Madre.

-Porque he conocido a gente de mucha valía –contesté–. Y también lo eran algunos de los que convivían con ellos. Pero también los había empeñados en hacer de sus vidas un auténtico calvario.

Y esto provocaba dolor. Mucho dolor. Y el dolor provocaba tristeza.

–Aquí, sin embargo, no ocurre así. Aquí cada día fallece alguien. Y por cada niño que muere llegan, al menos, dos nuevos enfermos. Son gente hambrienta, que sufre como nunca vi sufrir a nadie. Pero son felices: parece no importarles lo mal que lo pasan o lo poco que les queda de vida. Es como si no lo supieran... o no quisieran saberlo.

–Te equivocas –me dijo él–. ¡Claro que lo saben! Y, con frecuencia, la angustia se apodera de ellos. Pero es entonces cuando las Hermanas, de rodillas a su lado, les susurran al oído

que los dolores que padecen son caricias de Dios, que les hace sufrir esta enfermedad para tenerles más cerca de Él.

–¡Vaya! –respondí–. Hace falta mucho coraje para vivir así... o mejor dicho, para morir así.

–Más que coraje, lo que hay que tener es un corazón generoso.

–Como las Hermanas...

–Como las Hermanas, en efecto. Ellas han renunciado a todo. Cuanto necesitan, de un modo u otro, les acaba llegando: nunca vi que algo no pudiera hacerse por falta de medios materiales. Esa renuncia suya implica generosidad, y esa generosidad se contagia a los demás.

–Pero ese dinero que necesitan tiene que venir de algún sitio –le dije.

–Por supuesto. Hace falta gente generosa que contribuya a sacar esto adelante. Sin su ayuda, seguramente, esto se vendría abajo.

–Sin embargo, el dinero no lo es todo.

44

–¡Claro que no! Es importante, pero no imprescindible. Lo realmente necesario son las personas y su caridad. Gente dispuesta a servir a los demás, de un modo u otro.

–¡Mira! –exclamó, de pronto–. Ven conmigo y te enseñaré algo.

Le seguí. Apenas habíamos andado un par de metros cuando, todo lo que nos rodeaba, cambió. Nos encontrábamos en un lugar desconocido para mí.

–¿Qué ha pasado? –pregunté–. ¿Dónde estamos?

–¿Por qué? ¿Qué te sorprende?

–¡Hombre! Tú verás... juraría que estamos en otro lugar... ¡como si hubiéramos avanzado varios kilómetros de golpe!

–Así es –respondió tan tranquilo–. Y también lo hemos hecho en el tiempo.

–¿Puedes manejar el tiempo a tu antojo? –le pregunté, cada vez más perdido.

–No, no es eso. Verás... lo que ocurre es que me ha sido concedido el poder de recordar, mediante el viaje hacia el pasado, sucesos que te ayudarán a comprender mejor la vida de la Madre Teresa.

–¿Y también puedes viajar hacia el futuro?

–No: el futuro aún no ha llegado. Yo no puedo ver algo que no ha pasado.

–Entonces...

–Es como si te pusiera una película para que puedas verlo por ti mismo. Y ahora, si te fijas...

Reparé por primera vez en el lugar en el que nos encontrábamos: un edificio pobre como los demás, compuesto de un largo pabellón y dos o tres habitaciones. Adultos enfermos de lepra y Hermanas paseando entre las camas con medicinas y alimentos conformaban el desolador

46

paisaje. Un crucifijo sencillo, de madera pobremente tallada, y una imagen de la Virgen eran toda la decoración de las paredes. Sin lujo... pero sin miseria: fiel a las ideas de la Madre Teresa.

–Esta es la Casa del Moribundo. Aquí están los leprosos en peor estado.

Al fondo, hablando con un hombre de aspecto sucio y descuidado, estaba la Madre Teresa. Y junto a ella, mi amigo.

–¡Mira! Ahí estás tú. ¿Puedes vernos?

–No digas tonterías, Ángel. Somos simples espectadores. No se puede alterar el pasado: nosotros no estábamos aquí cuando esto sucedía.

Nos acercamos a ellos. El hombre que hablaba con la Madre extendió la palma de su mano, donde dos pequeñas monedas (el equivalente a una peseta) brillaban por el sudor.

La Madre Teresa le dio las gracias y se despidió de él besándole las manos. A continuación, se volvió hacia una de las Hermanas y le dijo:

48

–Este hombre me ha ofrecido todo lo que tenía, mientras otros me dan de lo que les sobra.

–¡Vaya! –le dije–. Es un bonito gesto, ¿verdad?

Un "sí" solitario y distraído fue su única respuesta. Y el escenario volvió a cambiar.

–Pero no todo es así de agradable –prosiguió–. A veces, la gente se termina acostumbrando a la caridad y surgen las envidias, las exigencias, los desaires...

Mientras me decía esto, un grupo de mujeres se amotinaban ante la puerta de un dispensario para leprosos. Exigían, más que pedir, algo de comida. El tono de voz se iba endureciendo por

momentos y los gritos histéricos de aquellas mendigas frustraban todo intento de mantener un diálogo civilizado.

Aquello terminó, felizmente, con una enérgica reprimenda de la Madre Teresa que consiguió expulsar de allí a aquellas mujeres sin que la sangre llegara al río, como se suele decir.

–Es el riesgo que a veces se corre cuando se da sin pedir nada a cambio: que abusan de tu generosidad –me dijo, entristecido, su Ángel.

Ya de vuelta al presente, nos encontramos con una familia que venía a ver a la Madre Teresa. El padre llevaba

50

de la mano a un niño de apenas un par de años. A juzgar por sus ropas, debían vivir desahogadamente.

Según me dijo el Custodio de la Madre, adoptaron a aquel niño hacía apenas un año, cuando la lepra empezaba a dejar evidentes señales en él. Con medicinas, un buen médico cirujano y alimentos diversos y abundantes, habían logrado vencer a la enfermedad.

51

La sonrisa de sus ojos parecía haber borrado las temibles manchas rosáceas de su cara.

El silencio acompañó aquella escena. Cuando miré a mi amigo, reparé en que su sonrisa era, si cabe, más grande que la del niño. Y no quise interrumpir.

Fue él quien, minutos después, rompió aquel silencio.

–¿A que merece la pena?

Capítulo 7

Un día acompañé a dos Hermanas a la escuela infantil que había en los suburbios. Para llegar a ella era necesario andar cerca de dos horas. En autobús, seguramente, hubiésemos tardado infinitamente menos, pero las Hermanas tenían la obligación de vivir la pobreza, y preferían andar antes que gastar unas rupias que servirían para dar de comer a alguien. Así, decían, aprovechaban para rezar el Rosario por el camino.

Los Ángeles Custodios tenemos la suerte de trasladarnos de un lugar a otro en un instante, por grande que sea la distancia. Esto nos permite realizar cierto tipo de favores que, de otro modo, serían imposibles de llevar a cabo. ¡Ah, por cierto! Quiero aprovechar este capítulo para quejarme, porque algunos solo se acuerdan del Ángel Custodio cuando necesitan encontrar un sitio donde aparcar el coche. ¡Y los Custodios servimos para algo más que para ejercer de aparcacoches!

Pero aquel día no pude hacer uso de este poder porque desconocía el lugar donde estaba la escuela. También es cierto que podía haberme aventurado a probar suerte, pero mi sentido de la orientación es tan lamentable que, con toda seguridad, hubiese acabado en cualquier monte perdido, haciendo compañía a las cabras.

Por eso, aburrido de tanto andar, decidí entablar conversación con los Custodios de ambas Hermanas. Sin embargo, no parecían muy dispuestos a colaborar: a mis preguntas respondían siempre con monosílabos. A medida que aumentaba el número de preguntas realizadas, disminuía el de aquellas que quedaban por hacer, de forma que pronto me quedé sin nada que decir. Aunque tampoco fue necesario abandonar la conversación (monólogo, más bien) por falta de temas, ya que uno de los Custodios la zanjó de manera un tanto brusca.

–Ángel, ¿te puedes callar un rato, por favor?

–¿Qué ocurre? –respondí–. No me irás a decir que te duele la cabeza, ¿verdad?

–Distraes a las Hermanas con tus palabras.

–¡Pero si no me oyen!

–No, pero tu voz produce "interferencias". Y esto provoca distracciones.

¡Caramba! Pensé. No sabía yo eso. Bueno, pues habría

54

que tener la boca cerrada durante el camino, aunque no me iba a resultar nada fácil.

–¿Y si hablo en voz baja...?

Pero su irritado carraspeo acabó con cualquier intento de llegar a un acuerdo amistoso. Y decidí no insistir más.

Una choza miserable en medio de un barrio miserable. Un edificio que, de milagro, se mantenía en pie entre calles olvidadas. En su interior, entre paredes necesitadas de pintura, un mobiliario resquebrajado por el tiempo

55

y el uso parecía descansar de la última batalla. Esta era la escuela donde las Hermanas de la Caridad trataban de educar a treinta y cinco chavales. Allí les enseñaban las primeras letras y a lavarse y peinarse diariamente.

Y, como premio por su limpieza y asiduidad, les daban una pastilla de jabón y un puñado de arroz.

Pero no resultaba nada fácil. Hacía falta mucha fe para no desmoronarse en ocasiones. La pobreza en que vivían estos chavales era tal que carecían, incluso, de agua corriente. Esa miseria, además, les obligaba a buscar el alimento diario... siempre que la enfermedad no lo impidiese.

56

Esto hacía realmente difícil el que los alumnos vinieran más de dos días seguidos; algunos, después de un año, aún no sabían ni escribir su nombre.

–¡Buenos días, Hermana Isabel! ¡Buenos días, Hermana Ana! –gritó un niño mientras corría hacia ellas.

La sonrisa que traía demostraba la confianza ciega que tenía en que, algún día, aquellas clases le sacarían de su pobreza.

–Yo seré Ministro –decía, con frecuencia–. Y tú –continuaba, mirando a su hermano pequeño–, tú serás mi ayudante.

–Claro que sí –le animaba la Hermana Ana–. Pero, hasta entonces, deberías peinarte con más frecuencia, ¿no crees?

Y Nehru, que así se llamaba el chaval de ojos vivos, algo dolido, arrugaba la frente e hinchaba los mofletes en un gesto casi cómico, mientras sus orejas enrojecían de vergüenza.

La Hermana Isabel enseñaba a escribir a un grupo de chicos, mientras la Hermana Ana explicaba a otros cómo construir muebles de madera para ganarse la vida.

Pero no todos los chavales estaban dispuestos a aprender. Uno de ellos, de no más de diez años, se dedicaba a molestar a sus compañeros, aprovechando cualquier descuido de la Hermana. Repartía collejas o patadas por debajo de los pupitres. Seguramente, su fama de "chico malo" impedía que las agresiones tuvieran respuesta.

Sonreía en su silla, satisfecho de haber logrado que Nehru soltase un par de lágrimas, dolido por el pescozón que acababa de recibir. Al notar la mirada de la Hermana

Isabel, cambiaba inmediatamente la sonrisa por una expresión de interés repentino.

Otras veces escondía los lápices de sus compañeros o los tiraba al suelo, a cierta distancia. De este modo, no tenían más remedio que levantarse a cogerlos, llamando así la atención continuamente.

Hasta que las patas de su silla, inexplicablemente, parecieron resbalarse. Aquel individuo sintió la dureza del suelo en su trasero y el chichón que, poco después, fue abriéndose paso a través de su enredado y negro pelo.

Y no sé por qué, pero todos los Custodios que allí había se giraron hacia mí, disimulando una carcajada en sus miradas de reproche.

–¡Uy! –dije, llevándome la mano a la boca–. ¡Qué tropiezo más tonto!

Y miré a la Hermana Isabel levantando una ceja y apoyando la barbilla en la palma de mi mano, simulando una expresión atenta.

Capítulo 8

Un amigo mío decía que más vale callar y parecer tonto que hablar y confirmar que, efectivamente, lo eres. Sin embargo, todos estos años al lado de los humanos me han hecho ver lo difícil que resulta no intentar sacar la cabeza cuando hablan bien de nosotros. Tratamos continuamente de ser el centro de atención, la persona en torno a la cual gira la conversación. Nos hinchamos orgullosos como los pavos, sacando pecho y metiendo la tripa como si, además, hubiésemos perdido de golpe diez kilos. La cara enrojece de satisfacción y los ojos brillan, delatando la falsedad de nuestro intento por acabar con los cumplidos: "no, por favor, si no es para tanto... ¡venga, venga! No exageres... oye, ¿de verdad te ha gustado?".

Y nuestra cara de ceporro retiene durante unos minutos la sonrisa de quien está en el "país de las fresas", encantado con él mismo.

Lógicamente, esto sucede cuando los comentarios son halagadores. Cuando todo son cumplidos, sonrisas y felicitaciones, con palmaditas en la espalda incluidas. Lo complicado es encajar una crítica, el codazo en los riñones que supone escuchar un comentario negativo, unas palabras de reproche. Entonces nuestra cara sí que enrojece, pero de rabia. La sonrisa bobalicona deja paso a una mirada acompañada de un leve movimiento de cejas, de esas que parecen decir "ya verás cuando te pille...".

Por eso la humildad es una virtud tan difícil de alcanzar. Porque hay que estar hecho de una pasta muy especial para mantenerse indiferente ante un rechazo o un halago colectivo.

Y la Madre Teresa, sin duda, estaba hecha de esa pasta. Pocas personas han recibido tantos premios y reconocimientos en vida como ella. Pero quizá el galardón de más renombre fue el del Premio Nobel de la Paz que le otorgaron en 1979.

Cuando supo de su concesión, un sincero "todo sea para la gloria de Dios" fue su único comentario. Solo quienes estuvimos junto a ella sabemos la sencillez con la que aceptó esta distinción y lo poco –o nada– que se alteró su semblante al recibir la noticia.

La entrega tendría lugar en Oslo, en presencia del Rey de Noruega, ante las cámaras del mundo entero. Cientos de personajes importantes embutidos en trajes de fiesta serían testigos de la grandeza de aquella mujer menuda tan pobremente vestida.

Y la ceremonia, por supuesto, no me la quería perder. Ni qué decir tiene la emoción que sentía al viajar por vez primera en avión. Todo resultaba excitantemente novedoso para mí: desde la grandiosidad de semejante aparato hasta lo complejo de la cabina de mandos, con sus mil luces, botones y palancas.

Me preguntaba cómo era posible que algo tan grande pudiera elevarse en el aire y volar a tal velocidad. Seguro que si el avión tuviese vida, se sentiría orgulloso de poder hacer lo que hacía. Lo nuestro –me refiero al poder de los ángeles de volar–, lo nuestro no tiene ningún mérito. Los ángeles no pesamos nada, porque no tenemos cuerpo. No es que seamos ligeros como el aire, es que somos aire. Pero levantar el peso de semejante bicho con una simple carrera y unos motores... eso sí que es un misterio.

Recorrí el avión por entero. Atravesé cien veces el pasillo, de uno a otro lado. Bajé cortinas y abrí puertas de todo tipo: las del portaequipajes, la cabina y el compartimento de correo. Estaba como un bebé con chupete nuevo. Claro que las azafatas no podían decir lo mismo.

64

Sorprendidas ante semejante movimiento de objetos y puertas, corrían como locas por todo el fuselaje, deshaciendo todo cuanto yo hacía. Sin pretenderlo, había conseguido fomentar su creencia en la existencia de los fantasmas. Las pobres tuvieron que pedir una semana de baja para reponerse de tales sucesos.

¡Eh! ¡No creas que lo hice aposta! Ya te dije que, a veces, soy muy impulsivo y no me doy cuenta de las consecuencias que pueden tener mis reacciones. Lo malo es que no pude disculparme. No creí conveniente pedirlas perdón: del susto, se les hubieran rizado los pelos de la cabeza.

Cuando conseguí tranquilizarme, me senté junto a una ventanilla a contemplar el paisaje. A mi lado, un hombre que ocupaba sillón y medio emitía sonoros ronquidos, mientras su cuello parecía doblarse de vez en cuando por el peso de la cabeza. Después de unos minutos, aquella música comenzó a hacerse insoportable, por lo que decidí introducirle una pluma en la boca. La tos consiguió despertarle y acabar con mi sufrimiento.

La capital de Noruega nos recibió con un día gélido, solo atenuado por el calor de las personas allí congregadas para dar la bienvenida a la Madre Teresa.

Tras los saludos y presentaciones oficiales, la Madre se alojó en un convento para descansar y rezar. Y, por fin, llegó la hora de la esperada ceremonia.

No se puede decir que la Madre Teresa poseyera una mente brillante, ni una inteligencia extraordinaria. Ni siquiera la calificaría de gran oradora. Sin embargo, poseía un don especial: sabía tocar el corazón de la gente. De sus labios, surcados de arrugas, surgían frases sencillas, sin retórica alguna. Eran las palabras oportunas en el momento oportuno.

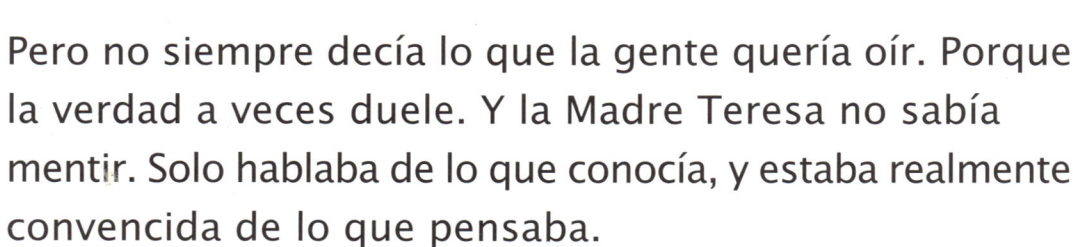

Pero no siempre decía lo que la gente quería oír. Porque la verdad a veces duele. Y la Madre Teresa no sabía mentir. Solo hablaba de lo que conocía, y estaba realmente convencida de lo que pensaba.

Por eso, su discurso en defensa de la vida, del amor a los pobres y del crimen que supone el aborto, irritó a más de uno. Hubo murmullos en la sala. Algunos se miraban indignados. Otros se revolvían, inquietos, en sus asientos. Pero también hubo aplausos. Y sonrisas. Y miradas satisfechas por conocer a alguien que defendía de tal manera sus ideas.

Entre el público, junto a mí, había un personaje que parecía algo malhumorado. Un espeso y cuidado bigote parecía compensar la escasez de pelo en su cabeza. Desconozco el cargo que tendría y a qué país pertenecería, pero debía ser un hombre importante, a juzgar por la multitud de medallas y condecoraciones que adornaban la pechera de su traje. Aquel sujeto resultaba especialmente irritante porque, a cada frase de la Madre que escuchaba traducida a través de su auricular, gesticulaba, gruñía e intercambiaba un comentario despectivo o irónico con su compañero de butaca.

Como habrás podido comprobar, la paciencia no es una de mis mayores virtudes, y menos cuando se comete una injusticia con alguien. Por eso, con más cabeza que corazón –algo habitual en mí– decidí aumentar "ligeramente" el volumen de su receptor. No debió resultarle muy agradable pero, al menos, funcionó. Ignoro si estuvo más pendiente del auricular que del discurso, o al revés, pero no volvió a abrir la boca hasta el momento de los aplausos finales.

Antes de regresar a Calcuta, el avión hizo escala en Roma, y la Madre Teresa tuvo una pequeña entrevista con el Papa.

La habitación en la que nos iba a recibir no tenía nada que ver con las del Hogar Infantil. Paredes enteladas, muebles recios y enriquecidos con cincel y oro, el techo cubierto de bellos frescos... todo aquello hacía evidente que no nos encontrábamos en un lugar cualquiera.

Sin embargo, nada despertaba envidia. No era como aquellas casas –o palacetes, según se mire– que huelen a dinero, que te dicen al entrar: "¿te das cuenta la diferencia que hay entre tú y yo?".

69

No, el Vaticano no era así. Todo aquel esplendor no hacía sino resaltar aún más la dignidad de quien vivía en él. Era como los pórticos de las catedrales, que avisaban de tu entrada en un recinto sagrado.

Allí, con una mirada de tierna admiración, el sucesor de Pedro saludó a la Madre Teresa.

–Hable siempre así, Madre... siempre –fueron las palabras con las que el Santo Padre le hizo saber que la ceremonia había sido todo un éxito.

Capítulo 9

El verano de 1997 se marchó y, con él, sin apenas hacer ruido –como de puntillas– se fue la Madre Teresa.

La muerte suele dejar en la cara del difunto una curiosa expresión de serenidad. También así sucedió con la Madre. Parecía que, en cualquier momento, abriría los ojos y nos diría, incorporándose en la cama:

–¿Qué hacéis aquí todos parados? ¡Vamos! ¡A trabajar!

Y con pasos pequeños pero decididos y el cuerpo encorvado de tanto trabajo, echaría a todo el mundo de su cuarto. Después, escribiría diez o doce cartas y se iría a cuidar de algún enfermo.

Por eso me acerqué reticente a la Madre. Sin dejar de mirar su arrugado rostro, me agaché a su lado y la besé la frente.

–¿Y ahora qué vas a hacer? –le pregunté a su Custodio.

–No lo sé. Imagino que me mandarán con otra persona. O quizá no. Quizá me quede en el Cielo una temporada, ¿quién sabe?

Estuvimos un buen
rato mirando a los que se acercaban a dar el último adiós a la Madre Teresa. La fila de gente que esperaba para hacerlo era inmensamente larga. En ella, personas de todo tipo y condición guardaban un respetuoso silencio.

Ricos y pobres. Sanos y enfermos. Gente poderosa sin nombre. Hombres con el mañana asegurado y hombres que no sabían si mañana llegaría para ellos. Todos, sin excepción, trataban de encontrar palabras que definieran a aquella mujer. Todos, de uno y otro modo, le debían mucho a la Madre Teresa.

Como aquel joven que lloraba porque había encontrado su fe gracias a aquella señora de ojos pequeños y viva mirada que un día le dio un pedazo de pan y un vaso de leche.

Una mujer de no más de cuarenta años se arrodilló junto a la Madre y, besándola las manos, le susurró al oído:

–¡Qué suerte tienen en el Cielo!

Y me dieron ganas de responderla "¡no sabes cuánta razón tienes!".

Pero, sin duda, quien más me sorprendió fue una niña de baja estatura y de edad igualmente corta. Miraba inquietamente a su alrededor. Se escondía, nerviosa, entre la gente, como si temiera ser vista. En una de sus manos ocultaba algo, apretándolo con firmeza.

No dejé de observarla el tiempo que tardó en llegar junto al cuerpo de la Madre. Cuando lo logró, se quedó a medio metro de ella, sin saber muy bien qué hacer. Hasta que una de las Hermanas, sonriéndola, la tomó del brazo y la empujó suavemente. Entonces, mirando a ambos lados para asegurarse de que nadie más la oyera, susurró al oído de la Madre Teresa:

–Dice mi madre que el Cielo está muy lejos y que para llegar allí hay que hacer un viaje muy largo. Por eso he pensado que esto te ayudaría si te entrara hambre por el camino. No es mucho, pero es todo cuanto he podido encontrar en casa.

73

Y, junto a los cientos de flores que perfumaban el lugar, quedó un saquito de tela vieja que, atado con una cuerda, envolvía un puñado de arroz.

Y en aquel saco quedó también un trozo de mí, que se resistió a venir conmigo por las calles de Calcuta. Mientras andaba, volvía de vez en cuando la mirada atrás, palpando

entre los pliegues del recuerdo como quien se palpa los bolsillos por si ha olvidado algo en casa.

Pero ya era hora de irse. Allí ya no hacía nada. Por eso, cuando dejé la ciudad, me empecé a preguntar cuál sería mi próxima misión. Bueno, ya te lo diré cuando lo averigüe.

¡Hasta otra!

Anexo

Teresa nació el 26 de agosto de 1910 en Skopje, un pueblo de Albania. Sus padres se llamaban Nicolás y Drana Bojaschiu. Tenían tres hijos: Aga, la mayor; Lázaro, el mediano; y ella, la pequeña, a la que bautizaron con el nombre de Inés.

Nicolás, su padre, era un hombre trabajador. Tenía un almacén de materiales de construcción. Lo que más le gustaba a Inés era escuchar las aventuras de los viajes que realizaba su padre por Europa con un amigo suyo. Drana, su madre, era valiente, generosa y llena de compasión hacia los pobres. Educaba a sus hijos en el amor a Dios y los preparó para la Primera Comunión. Todas las noches rezaban el Rosario juntos.

Cuando acabó el colegio, unos misioneros de Skopje fueron enviados a la India. Inés leía con gran interés sus cartas en las que contaban su trabajo con los habitantes de ese gran país. A los dieciocho años, Inés sintió la llamada de Dios a ser misionera de las Hermanas de Nuestra Señora de Loreto para ir a la India. Desde entonces, eligió el nombre de Hermana Teresa porque era devota de Santa Teresa del Niño Jesús, patrona de las misiones. Cuando llegó, quedó conmovida al ver la pobreza en la que vivían muchas familias.

La Hermana Teresa llegó a ser directora de un colegio para niñas. Todo el mundo la quería mucho. Un día, cerca de un gran hospital, encontró a una mujer moribunda. La llevó hasta el hospital, pero no la atendieron porque no era para pobres. Este hecho le hizo preguntarse para qué había ido a las misiones. Sintió una nueva llamada de Dios: la necesidad de dedicar su vida a los más pobres de los pobres. Le animaron mucho sus Hermanas a que siguiese esa vocación y en 1948, el Papa Pío XII comunicó a la Hermana Teresa su aprobación para comenzar a trabajar sirviendo a los más abandonados.

Teresa se vistió con un sari indio. Se puso a trabajar en la ciudad de Calcuta, sobre todo con los moribundos. Todos empezaron a llamarle Madre Teresa. Algunas chicas jóvenes, varias de ellas antiguas alumnas suyas, le ayudaban. Con las que quisieron entregar toda su vida a Jesús y a los más pobres, Madre Teresa fundó las Misioneras de la Caridad. Muchas jóvenes del mundo entero han sentido la llamada de Jesús y han seguido a la Madre Teresa. Ella las ha enviado a Asia, Europa, América, Australia... Siempre van donde hay gente necesitada. Quieren ser para ellos como las manos cariñosas de Jesús.

Desde el principio, las Misioneras de la Caridad hicieron un voto muy especial. Se comprometen a servir a los más pobres de los pobres. Para cubrir sus necesidades confían en Dios. Todos los días rezan por sus enfermos y ofrecen a Jesús los servicios que les hacen. En 1953, Madre Teresa y sus hermanas fundaron el "Hogar de los niños". Acogían allí a los recién nacidos que se quedaban sin padres. Los alimentaban y formaban, para ellos, una verdadera familia.

En 1979, la Madre Teresa recibió un premio muy famoso: el Premio Nobel de la Paz. Se da cada año a una persona que haya hecho mucho por la paz en el mundo. A la Madre Teresa se lo dieron por su trabajo con los más pobres. Se lo entregaron en Oslo, en presencia del Rey de Noruega. En su discurso de agradecimiento habló de amar a todos los hombres, sobre todo a los marginados y a los no nacidos.

El 5 de septiembre de 1997 murió la Madre Teresa. Una multitud de personas, entre ellas los más necesitados de la India, fueron a dar el último adiós a su "Ma", como la llamaban. El mundo entero reconoció y agradeció su deseo, hecho realidad, de ser instrumento de la paz de Dios al servicio de los hombres y mujeres, sus hermanos. Desde ese mismo momento, muchas personas de todo el mundo han comenzado a acudir a su intercesión. El Papa Juan Pablo II la beatificó en octubre de 2003.

Texto tomado de Se llamaba Teresa, Amparo Catret y Mar Sánchez.